AF229264

DE LA CONSTITUTION

D'UN

NOUVEAU PARTI

NEVERS

MAZERON FRÈRES, LIBRAIRES-ÉDITEURS

1890

DE LA CONSTITUTION

D'UN

NOUVEAU PARTI

NEVERS

MAZERON FRÈRES, LIBRAIRES-ÉDITEURS

—

1890

SOMMAIRE

DE LA CONSTITUTION

D'UN

NOUVEAU PARTI

I. — Préliminaires.

L'année dernière, à pareille époque, j'étudiais la politique extérieure de la France et je recherchais un système d'alliances qui pût nous conduire au relèvement définitif de la Patrie. J'ai eu la bonne fortune de voir les idées que je préconisais prises en considération et même approuvées par les deux seules personnes à qui je les ai communiquées, et dont l'une par sa position officielle et l'autre par ses relations et sa valeur propre me paraissent des plus compétents juges en pareille matière.

Chacune des personnes auxquelles j'ai soumis mes vues m'a toutefois présenté une objection capitale. La première m'a fait entendre ceci : Le moyen que vous proposez, quoique excellent en soi, est pourtant chimérique, parce que l'une des parties ne consentira jamais aux conditions nécessaires de l'alliance. J'ai signalé cette objection à la seconde personne et il m'a été répondu à peu près : Le projet n'est point chimérique et on pourrait espérer de surmonter tous les obstacles si nous avions un gouvernement sérieux et dont la stabilité fut assurée.

J'ai essayé de réfuter cette dernière objection dont j'ai bien senti et sens de plus en plus tout le poids, mais il est peu probable que j'aie réussi à modifier l'opinion de mon interlocuteur. Quoi qu'il en soit, l'aspect général de notre politique extérieure n'a guère varié depuis un an. Nos

sympathies et nos antipathies sont peut-être un peu
moins accentuées que par le passé, mais ces apparences
n'ont rien de précis et n'affectent probablement que la sur-
face. J'ai cependant quelque penchant à croire qu'il a été
tenté quelque chose, dans le courant de l'année dernière,
dans le sens de l'alliance que j'étudiais en mars passé.
Quel fond ont rapporté les coups de sonde que je suppose
avoir été lancés? Je n'en sais rien et je n'en demanderai
rien à personne. Aussi bien n'est-ce pas de politique extérieure que j'ai l'intention de traiter aujourd'hui et je n'y
veux pas même faire allusion. Ce n'est pas le moment d'y
revenir.

Malgré les graves événements qui ont marqué l'année
1889, notre situation intérieure n'a guère varié non plus.
J'ai longtemps désespéré d'entrevoir seulement une marche qui pût conduire à la solution du problème qu'elle
présente, car il est plus complexe et plus difficile, à mon
avis, que celui de notre politique extérieure. Sur ce chemin, les pierres d'achoppement sont si rudes et si nom-
breuses que j'estimais que nous ne pouvions rien tenter
de sage, et en étions réduits à n'attendre une solution que
du temps et de l'imprévu. Certains événements, d'une
nature tout intime, ont peu à peu modifié mes idées; grâce
à ces modifications, une lueur m'est apparue et il m'est
arrivé de concevoir enfin un plan. Il est d'une exécution
bien difficile, sans doute, et fort au-dessus de ma portée.
Je ne puis guère y travailler, chétif, qu'en l'exposant in-
génuement, et c'est ce que je fais. Grâce à nos institutions
démocratiques, le plus humble citoyen a le droit de parler en cette matière et même de dire des sottises sans
nuire à rien autre qu'à sa propre personnalité.

II. — Entrée en matière.

La politique est l'art de gouverner les nations. On
pourrait réduire à cinq les sortes de gens qui s'occupent
de politique: Les sots, les intrigants, les hommes de partis, les philosophes et les hommes d'Etat.

Les sots forment naturellement le plus grand nombre
des gens qui s'occupent de politique et ils ne sont pas sans
influence sur leurs congénères qui, comme on le sait :

« depuis Adam sont en majorité. » Heureux les intrigants et les hommes de partis qui savent se les attacher. Les philosophes les dédaignent et ont tort; les hommes d'Etat, au moins dans les pays de suffrage universel, en tiennent grand compte et se gardent bien de leur témoigner du mépris.

Les intrigants, qu'on appelle en Amérique — politiciens — sont toujours et partout, hélas, très nombreux aussi. Cachant avec soin leurs véritables vues, ils ne se montrent que déguisés en hommes de partis, et ce ne sont pas toujours les moins constants dans celui qu'ils ont embrassé; car il arrive, et non rarement, que la constance rapporte plus que l'infidélité. Les honnêtes gens tâchent de les deviner et de les éliminer le plus qu'ils peuvent, mais les adroits les supportent ou même les attirent volontiers, car ils leur apportent souvent une riche clientèle de sots.

En réalité, tous les citoyens sont plus ou moins attachés à un parti, mais je n'appelle hommes de partis que ceux qui font de la politique leur souci spécial, leur passion dominante, et qui sont persuadés que le triomphe de leur parti amènerait le triomphe de l'humanité. Privément, les hommes de partis sont souvent fort honorables, mais ils ne sont pas toujours fort intelligents. Ce qu'il y a chez eux de plus rare, c'est le jugement.

Si j'ai noté les philosophes parmi ceux qui s'occupent de politique, quoique ces bonnes gens n'aient guère d'influence sur les affaires de leur temps, c'est que parfois ils les suivent, les connaissent et ne seraient pas fâchés de s'en mêler si on voulait bien les y convier. Mais comme ils sont, d'ordinaire, très maladroits, le public les laisse à leurs chères études ou les y renvoie bien vite s'ils en sont intempestivement sortis.

Il ne me reste plus qu'à parler de l'homme d'Etat et il faudrait une autre bouche que la mienne pour en discourir pertinemment. Je ne puis qu'en essayer une faible esquisse et on me pardonnera mon insuffisance. Le véritable homme d'Etat a le front large et élevé, l'œil perçant, l'odorat subtil et le goût délicat; sa physionomie est impassible, sa bouche discrète, son cœur droit et ferme; il n'a point de ventre. D'un pas calme et régulier, il avance imperturbablement vers le but qu'il s'est choisi; si parfois il semble s'en écarter ce n'est qu'en apparence et chaque jour de marche l'en rapproche plus ou moins. Le succès ne l'enivre guère, l'insuccès ne le décourage pas. Ce qui rend le philosophe faible dans le maniement des affaires, c'est que son esprit embrasse trop de choses; il est plus humanitaire que patriote, plus cosmopolite que national. L'homme d'Etat a moins de prétentions : il n'aime guère que la Patrie, mais il l'aime avec passion, et cette sorte d'égoïsme agrandi est la source de sa vertu. Bien que de nos jours il ne puisse guère se dispenser de paraître appartenir à un des partis qui divisent la nation, il ne se laisse ni conduire par ceux qui le soutiennent, ni détourner par ceux qui l'attaquent. Les jugeant tous parce qu'il leur est supérieur, il accepte des idées de ses adversaires aussi bien que de ses amis et tâche de réaliser celles qui sont utiles et sages sans se soucier de leur provenance. Il domine et conduit parce qu'il sent et comprend, et c'est ainsi que s'il est un grand homme, et que les circonstances le favorisent, il fait un grand peuple.

J'avais raison de me défier de moi-même. Ce n'est point un être réel, mais une figure de fantaisie que mon crayon vient d'esquisser. Les hommes d'Etat de chair et d'os, surtout en France, sont loin de ressembler à l'idéal que je viens de rêver. Quand ce ne sont pas de simples politiciens, c'est-à-dire des intrigants, nos hommes d'Etat, ou du moins ceux qui, chez nous, prétendent à ce titre, sont tout au plus des ambitieux qui ne visent qu'à leur grandeur personnelle ou bien des chefs de partis, mais de ces chefs sans énergie qui se laissent diriger par leurs troupes au lieu de les conduire et qui, par conséquent, n'aboutissent qu'au désastre.

III. — Nécessité des Partis.

Dans les Etats modernes, je veux dire constitutionnels, l'existence de partis opposés et se disputant l'exercice actuel du pouvoir est absolument nécessaire.

Quelles que soient les nuances plus ou moins accentuées qui distinguent les partis divers, ils se séparent naturellement en deux grands groupes qu'on désigne d'habitude simplement et clairement sous les noms de Droite et de Gauche. Mais quelle que soit la force numérique de ces partis, leur effectif militant est toujours fort restreint et ne constitue qu'une faible minorité parmi l'ensemble des citoyens. Au milieu des partis et peu sensible aux mille prestiges par lesquels ils s'efforcent de l'attirer, tantôt hostile et tantôt sympathique à l'un d'eux, mais se défiant de tous, flotte la masse des citoyens, Sa Quantité, le Peuple. Ce nouveau souverain, absolu quoique intermittent, a cela de commun avec les autres souverains absolus d'être fort indifférent aux idées générales et de ne rechercher que sa propre satisfaction. Autant qu'aucun potentat, il est sensible à la flatterie et les moins méritées sont celles qui lui plaisent le plus. Aussi que de courbettes, de génuflexions, d'adulations éhontées prodiguent à ce naïf souverain les politiciens de toute sorte : la cour du Roi-Soleil ne comptait que des Alcestes auprès de ces Philintes.

Cette indifférence du peuple à l'égard des idées générales, indifférence qui ne provient du reste que de son inaptitude à les comprendre, est précisément ce qui rend nécessaire l'existence des partis. En matière politique à peine la masse saisit-elle les grandes lignes, celles dont l'importance est évidente à tous les yeux, dont les conséquences se font sentir à bref délai et influent directement sur son bien-être et sa tranquillité. Parlez-lui de paix ou de guerre, de dépense ou d'économie, de gouvernement ou d'anarchie, son choix est vite fait et bien fait. Mais chacun des partis qui sollicitent son suffrage prétend démontrer que, seul, il peut assurer au peuple les biens qu'il désire et lui faire éviter les maux qu'il redoute. Comme il est incapable de juger de la valeur de ces prétentions contradictoires, il demeure défiant et perplexe. Sans la vigueur avec laquelle les partis lui fouettent le sang et le forcent à choisir, il demeurerait dans l'immobilité et, une fois à peu près assuré du pain quotidien, comme les Chinois, il s'abrutirait dans l'apathie et la matérialité. Vivre, c'est agir ; qui ne progresse point, retarde ; ce sont là des vérités que le peuple entend parfaitement, car il en est arrivé à ce point de culture où elles ont pénétré tous les esprits.

Tous nos paysans savent, et fort bien, que depuis un

siècle leur condition s'est améliorée d'une notable façon. Qui a vu nos campagnes il y a seulement cinquante ans et les revoit aujourd'hui constate d'immenses progrès dans le bien-être et la dignité de leurs habitants. Ce qu'elles étaient avant 89, d'incontestables documents et la fidèle tradition sont là pour le dire. Que l'on compare l'état des demeures, des outils, des champs, des chemins, le vêtement, la nourriture, l'instruction, l'attitude même et la démarche des gens avec ce qu'ils étaient jadis, et quoi qu'il reste à faire encore, il est impossible de nier la réalité des faits, ils sont tellement évidents qu'aucun parti ne l'ose plus. Les apologistes les plus entêtés du vieux temps se bornent à prétendre que la Révolution a plutôt nui que servi à ce progrès, mais cette prétention est tellement absurde qu'elle ne fait point de dupes, et le peuple sent et sait qu'il le doit au grand mouvement séculaire. Le peuple est révolutionnaire et vote pour la Gauche.

D'autre part, quand on lui raconte quels ont été autrefois et quand il voit quels sont aujourd'hui les chefs et les directeurs de ce mouvement, qu'on lui montre leurs erreurs, leurs fautes, leurs crimes ; qu'il envisage les malheurs et le sang dont il a payé leurs bienfaits, il devient hésitant et craint de suivre la voie que lui enseignent ses guides. Et quand il entend s'élever, du sein de la clientèle qu'ils traînent après eux, des voix qui se proclamant celles mêmes du progrès, lui prêchent la haine et le mépris de tout ce qu'il regarde comme sacré, la Propriété, la Famille, la Religion, la Patrie même qu'il a appris à chérir, alors il s'effraie et devient conservateur : il vote pour la Droite.

C'est donc pour ceux qui l'affolent ou le persuadent que vote le gros du peuple et auxquels il donne l'exercice plus ou moins bref du pouvoir.

Au milieu de ce tumulte et de cette confusion où nous sommes plongés depuis un siècle, les sots pérorent et se pavanent, les intrigants tâchent de pêcher en eau trouble, les hommes de partis s'agitent et crient quand le pouvoir le permet, les philosophes assistent au spectacle et le notent, et les hommes d'Etat, enfin, épars dans la mêlée, s'efforcent de discerner les mouvements de la foule et de la pousser dans le droit chemin. Heureux lorsque quelques-uns saisissent le moment de la dominer et l'empêchent au moins de se précipiter dans l'abîme.

L'homme d'Etat, foncièrement, n'est d'aucun parti. Il sait que l'esprit d'innovation et celui de conservation sont deux forces opposées mais nécessaires, et qui doivent s'étayer l'une l'autre, se combattre et pourtant se mouvoir ensemble à peine de mort pour la nation. Le progrès n'est définitivement acquis que lorsque ceux qui lui étaient d'abord adverses l'ont accepté; il devient alors un élément de conservation et prend définitivement sa place dans le domaine national. Augmenter le nombre et la valeur de ces acquêts sociaux est la plus noble tâche de l'homme d'Etat.

IV. — Fausse situation de la Droite.

Le moment est venu d'examiner avec quelque détail la situation des deux grands partis en France.

Il convient d'indiquer nettement le point qui les sépare et il n'est pas difficile de le découvrir : c'est l'adhésion à la forme constitutionnelle du gouvernement. Il n'y a de républicains qu'à gauche, toute la Droite est monarchiste.

L'on constate ainsi, dès l'abord, un fait des plus importants, et dont le semblable ne se produit pas chez les peuples voisins, nos émules ou nos adversaires. Chez nous, les deux partis ne sont pas dans le gouvernement, mais l'un est le gouvernement même et l'autre cherche à détruire le gouvernement. Cette situation est anormale et, à tous les points de vue, funeste pour le pays.

Au dehors, elle enlève à la France toute influence sérieuse, et surtout elle apporte les plus grands obstacles à des alliances désirables et désirées, mais qui ne peuvent guère se conclure avec une nation toujours sous le coup d'une révolution, c'est-à-dire d'un changement total dans le personnel, les idées, la forme du gouvernement. En vain, lorsqu'une question étrangère se débat dans le Parlement, les adversaires les plus acharnés de nos institutions politiques se lèveront pour proclamer avec emphase que devant l'étranger il n'est point de partis en France ; cette affirmation, par laquelle ils essaient de blanchir leur consience et d'excuser leur passion, ne change pas la nature des choses, et nous ne pourrons rien entreprendre de grand tant que nous resterons aussi profondément divisés.

Il est certainement bon qu'il y ait des partis divers dans le gouvernement et que, tour à tour, ils exercent le pouvoir; c'est, je le répète, une condition de vie dans les nations modernes; mais en dehors du gouvernement, en dehors de la Constitution régnante et visant, non à la modifier, mais à la détruire, il n'est point désirable qu'il y ait des partis et, s'il en existe, ce sont des partis factieux et justiciables de l'autorité publique.

C'est donc avec raison et de leur plein droit que les républicains, en France, écartent systématiquement les monarchistes des emplois de l'Etat et, autant qu'ils le peuvent, de toute part dans les affaires de la nation.

Le droit qu'ils ont d'en agir ainsi est tellement véritable que leurs adversaires, tout en le leur déniant, avouent cependant qu'en leur place ils feraient tout comme eux, donnant pour raison à ce singulier déni de justice que le principe républicain est opposé à toute restriction de liberté.

Assurément, le principe républicain est plus que le principe monarchique favorable au développement de la liberté, mais la liberté, sous l'un et l'autre régime, doit toujours être soumise à la loi. Le respect absolu de la loi est la condition première, la base fondamentale de l'existence de l'Etat. Aussi, dédaignant de vaines et peu sincères doléances, les partis de gauche s'emparent-ils résolument de toutes les fonctions et, ne pouvant détruire leurs adversaires trop nombreux, les maintiennent-ils dans une impuissance à peu près complète et ne leur laissent-ils guère que l'administration de leurs biens personnels et la liberté de crier.

La continuation indéfinie d'un pareil état de choses est-elle désirable pour aucun des deux grands partis ? Non. Elle ne l'est point pour la Gauche, car les améliorations et les réformes qu'elle décrète n'étant jamais reconnues et acceptées par leurs ennemis, demeurent précaires et sujettes à révocation. Elle l'est moins encore pour la

Droite, car elle perd ainsi toute possibilité de faire pré-
valoir ses idées à moins d'une révolution qu'elle ne saurait provoquer et moins encore diriger et contenir.

Comme Henri V, son chef bien-aimé, la Droite, tout en
revendiquant le pouvoir, est-elle donc résolue à ne rien
faire qui puisse le lui donner, et se consumera-t-elle dans
une opposition stérile? Redoute-t-elle donc plus les fati-
gues et les dangers d'une action sérieuse qu'elle n'en
estime les avantages et l'honneur? A voir sa conduite, on
le pourrait croire. Il n'existe qu'un moyen de sauver
l'idée conservatrice ; ce moyen, je ne doute pas qu'elle le
connaisse, mais elle ne peut se résoudre à l'employer.
Quand donc s'élèvera-t-il au milieu d'elle des hommes
qu'elle aime et respecte et qui la convainquent en lui
disant nettement toute la vérité?

Ceux qui entreprendraient et mèneraient à bonne fin
cette œuvre si nécessaire au salut de la patrie, ceux qui
parviendraient à persuader à la Droite qu'elle a fait jusqu'à présent fausse route, qu'il est de son devoir et de son
intérêt d'entrer dans le gouvernement, de se rendre possible sans secousses l'arrivée au pouvoir, ceux-là accom-
pliraient une œuvre essentiellement patriotique : ce
seraient de vrais hommes d'Etat.

V. — Ce qui rend impossible le rétablisse-
ment de la monarchie.

Par mon origine, mon éducation, les tendances de mon
esprit, je n'appartiens pas au parti conservateur, mais
je sens impérieusement la nécessité de l'existence de
ce parti. S'il m'était permis de me classer parmi les
amateurs de politique que j'ai décrits, et si, malgré l'opinion de M. Littré, on pouvait être philosophe et ignorant,
je dirais que j'appartiens à la quatrième classe. Ayant
passé presque toute ma vie hors de France, je n'ai pas
même joué, en politique, le rôle d'un électeur muet et suis,
par conséquent, aussi inconnu que possible dans tous
les partis. Si j'essaie de rompre aujourd'hui le silence que
j'ai toujours gardé, et commence à l'âge de soixante ans
à m'occuper de politique active, je ne puis alléguer
qu'une excuse à cette outrecuidance, c'est que j'ai la

conviction de tenter quelque chose d'utile et que je suis sûr, au moins, de mon absolue sincérité.

Assistant de loin, mais avec un profond intérêt, au spectacle de nos luttes, je me suis souvent demandé pourquoi les conservateurs intelligents, ceux dont la politique intérieure, en arrivant au pouvoir, serait de travailler à l'accroissement de la moralité et du bien-être des masses, et qui le feraient avec plus de succès peut-être et de désintéressement sans doute que nos gouvernants actuels, je me suis souvent demandé pourquoi, dis-je, de telles gens ne veulent pas se rallier à la République et tâcher d'occuper dans son gouvernement la place qui leur reviendrait naturellement ?

Je vais étudier cette question autant que le peu de données que j'ai me le permettent. Commençons par énumérer les principales subdivisions des deux grands partis.

Je note d'abord à gauche. — Les républicains de raison — qui préfèreraient peut-être autre chose, mais qui acceptent la Constitution actuelle parce qu'il leur paraît impossible d'en avoir maintenant une meilleure, j'entends plus conforme à leurs idées au fond très conservatrices. Viennent après — les républicains raisonnables — ou opportunistes, démocrates sincères et décidés, mais qui, comprenant que le progrès ne peut pas s'effectuer brusquement, consentent volontiers à tenir compte des difficultés et à temporiser. Viennent ensuite — les radicaux — ou jacobins, dont le programme diffère assez peu de celui des opportunistes, mais que l'impatience domine et qui ont un penchant invincible à appeler la violence, au moins morale, au secours de leurs idées. Parmi eux, surtout, abondent les intrigants et les sectaires. Enfin, — les socialistes — qui, divisés en petites écoles ennemies, n'ont d'importance réelle que dans certains grands centres industriels; leur émiettement les rend politiquement peu dangereux *pour le moment*. Je ne parle pas des boulangistes, qui ne sont pas un parti, mais un accident.

Passons à droite. J'y vois en premier lieu — les conservateurs purs, — l'extrême gauche de la Droite, qui ne diffèrent en rien, quant aux principes, de l'extrême droite de la Gauche, des républicains de raison, et ne s'en séparent

que parce qu'ils n'ont pas encore adhéré à la République
formellement, soit par fausse honte, soit parce qu'ils ne
croient pas à la durée de la Constitution républicaine. Si
ces deux nuances, à peu près aussi sceptiques l'une que
l'autre, pensaient qu'en s'unissant ils auraient des chances
sérieuses d'arriver au pouvoir, leur fusion s'accomplirait
vite, mais ils savent trop que, même réunies, leurs forces
seraient encore insuffisantes, et ils gardent leurs posi-
tions. Viennent maintenant — les orléanistes — ou monarchistes constitutionnels, renforcés aujourd'hui des an-
ciens légitimistes. C'est un parti où l'état-major ne
manque pas, mais où les troupes n'abondent guère. Il a
pour lui une bonne partie de la bourgeoisie et la noblesse ;
mais là même le cœur n'y est plus, et il ne trouve dans
le peuple qu'hostilité ou indifférence. Disons encore pour
mémoire — le bonapartisme — ou royalisme césarien, qui
se survit à lui-même et, probablement, disparaîtra bien-
tôt. Passons.

Ces trois partis politiques, parfaitement d'accord entre
eux quand il s'agit d'attaquer la République, se dispute-
raient nécessairement le pouvoir au moment de sa chute ;
mais, demeurassent-ils parfaitement unis, leurs membres
militants et dévoués sont en si petit nombre, en réalité,
qu'ils ne pourraient même combattre les républicains
avec quelque chance de succès, s'ils n'étaient soutenus
par une puissance qui ne constitue pas, à proprement
parler, un parti, mais qui, alliée à la Droite, lui fournit
la grande majorité de ses soldats et qui est, par le fait,
l'adversaire le plus redoutable du parti républicain : je
veux parler du clergé.

Il est parfaitement certain que, sans l'appui du clergé,
le demeurant des conservateurs, réduit à une faible minorité, serait obligé de se soumettre, et que l'on ne verrait
plus à chaque élection générale la forme même du gouvernement remise en question comme cela a lieu depuis
vingt ans, et que cela continuera d'être aussi longtemps
que le groupement des partis demeurera tel qu'il est
aujourd'hui.

A qui restera la victoire dans cette bataille acharnée et
sans miséricorde ? Je n'hésite pas à croire (et j'en don-

nerai tout à l'heure de vives raisons), que c'est aux républicains. Oui, j'ai la ferme conviction qu'ils finiraient, si cela dure, sinon par détruire, du moins par dominer complétement leurs adversaires et les réduire au silence. Mais ce serait aux dépens de la Patrie qu'ils aviliraient et démembreraient moralement du même coup.

Un espoir soutient encore les conservateurs dans la lutte ; c'est de surprendre quelque jour, de façon ou d'autre, le suffrage universel et, une fois au pouvoir, d'enchaîner leurs ennemis dans des liens légaux, ainsi qu'ils le sont eux-mêmes à présent. Ils se disent, et avec raison, que la nouvelle armée défendra toujours et avec la même énergie ce qui sera — la Loi — ; soyons donc la Loi, pensent-ils, et nous saurons aussi nous maintenir les maîtres. Non, Messieurs, non, vous vous trompez. J'admets, ce qui me paraît extrêmement improbable, que vous puissiez un moment arriver légalement au pouvoir ; oui, je veux bien admettre cela ; mais ce que je n'admets pas, c'est que vous ayez la poigne nécessaire pour vous y maintenir. Vous êtes, Messieurs, et Nos Seigneurs vos princes sont des personnes trop bien élevées, trop consciencieuses, trop timorées (c'est aux royalistes que je parle), pour prendre sur vous de jouer bien longtemps le rôle de terroristes. Sans doute, en assemblée, et vous excitant les uns les autres, vous pourriez voter des lois de proscription ; mais il faudrait les appliquer et rudement. Or, un roi de la race d'Orléans ne peut être un Sylla, et vous ne voulez point d'un César. Ce n'est pas que votre vertu redoute trop de voir la besogne du diable accomplie par un boulanger quelconque. Retombant dans vos erreurs et vos errements de 48, ô rue de Poitiers ! vous venez de nous faire voir ce dont vous êtes capables en ce sens, mais le peuple a montré plus de prudence que vous ; la partie est jouée et perdue.

Les républicains, race moins affinée et plus énergique que la vôtre, n'ont point de ces délicatesses. Ils mettent eux-mêmes la main à la pâte et n'ont besoin de personne pour faire leur ouvrage. Quels que soient les principes de leurs philosophes, que vous leur reprochez de mécon-

naître dans la pratique, ils ne s'en soucient guère et
frappent quand il faut frapper. Le lion populaire est sau-
vage et méfiant ; il ne se laissera pas limer les dents ni
rogner les ongles ; il a senti le goût du pouvoir, l'a trouvé
bon et veut le garder : il le gardera. Malheur à qui ten-
terait de le lui arracher !

VI. — Les partis ne veulent pas mourir.

Cet opuscule ne s'adressant pas aux partis de gauche,
je n'ai aucune raison de présenter des observations sur
l'organisation de ces partis, leur valeur relative et l'avenir
probable de chacun d'eux. C'est donc de la Droite seulement que je continue à m'occuper.

Je crois avoir suffisamment établi deux points, à savoir :
Que même avec l'appui du clergé, les royalistes n'ont
point de chances sérieuses d'arriver au pouvoir, et que,
si par impossible ils le touchaient un moment, ils ne
pourraient s'y maintenir. J'espère que tout politique
intelligent, et que la passion n'aveugle pas, admettra ces
vérités, et celui qui aimera assez la Patrie pour lui sacri-
fier ses répugnances, se convertira à la République. Mais
le propre des hommes de parti est de lutter contre toute
raison, contre tout espoir, comme le propre des êtres
vivants est de lutter contre la mort, quelle que soit la
certitude du dénouement. Je n'ai donc pas la prétention
de convaincre le parti royaliste qu'il ne lui reste plus qu'à
supporter dignement le sort où le condamne la nécessité ;
il ne croira pas que l'heure est venue pour lui de cesser
d'être ici-bas et d'aller rejoindre ses pères. Les partis ne
veulent pas mourir, et comme Encelade sous l'Etna,
irrémédiablement écrasés, ils se remuent encore dans
leur lente agonie et font de vains efforts pour soulever le
monde.

Les conservateurs, tout convaincus d'impuissance finale
qu'ils puissent être et quelques défaites qu'ils éprouvent,
continueront donc à combattre la République aussi longtemps qu'ils pourront compter sur l'assistance du clergé.
Ils semblent croire que la religion est leur propriété, les
prêtres leurs serviteurs, et la masse de citoyens qui les
suit leur clientèle obligée. Cette illusion est d'autant plus

excusable qu'elle est partagée par presque tous les membres du clergé qui, ne voyant guère que des persécuteurs dans les républicains, se sont habitués à regarder leurs adversaires comme des sauveurs ; tandis que, d'un autre côté, la plupart des républicains, n'apercevant dans le clergé que des ennemis, pensent qu'il faut détruire son influence si on ne peut entièrement le supprimer. Ces opinions, si dangereuses pour la Patrie et la Religion, poussent chaque jour de plus profondes racines, et il n'est que temps d'essayer de les couper.

VII. — Principe général.

Nous venons d'exposer pour quels motifs les partis conservateurs ne veulent pas se rallier à la République, et notre raisonnement n'a été que la paraphrase de cette vérité : les partis ne veulent pas mourir. Mais, nous l'avons dit, le clergé n'est pas un parti ; il faut donc que nous sachions aussi nettement pourquoi la République et le clergé ne se mettent point d'accord.

Y a-t-il donc incompatibilité réelle entre le principe religieux et le principe républicain, entre la démocratie et le clergé ?

Incompatibilité absolue, assurément non, et aucun catholique n'oserait le prétendre ; incompatibilité d'humeur, peut-être bien que oui. Et, au moment actuel de l'histoire, cette incompatibilité est si vivement sentie des deux parts qu'il est vraiment difficile qu'un républicain puisse être catholique ou un catholique républicain.

N'est-il donc aucun principe général qui leur puisse imposer la réconciliation ? Il en est un, si je ne me trompe, et que peuvent accepter le croyant et l'incrédule, le libre-penseur et le religieux, pourvu qu'ils soient honnêtes, et je demande la permission de le formuler ainsi :

Il y a, pour tous, obligation de faire ce qu'ordonne la loi et liberté de faire ce qu'elle ne défend pas.

Que chacun entende le mot « loi » dans le sens de ses convictions, je n'y fais nulle objection, mais, cette réserve faite, il me semble hors de doute que tout honnête homme acceptera le principe et ses conséquences.

Considérant maintenant en quoi son application peut

différer selon qu'il s'agit de loi divine ou de loi humaine, je signalerai cette distinction : la loi divine oblige la conscience, la pensée même de l'homme, tandis que la loi humaine n'oblige que la conduite, elle ne scrute pas la pensée du citoyen. Il suit de là que s'il n'y a point contradiction irréductible entre les prescriptions de la loi catholique et celles de la loi républicaine, elles peuvent parfaitement subsister l'une en face de l'autre et que, selon l'énergie de la loi divine, la loi humaine oblige invinciblement le catholique citoyen.

La distinction des lois entre divines et humaines, spirituelles et temporelles, est d'origine essentiellement chrétienne. L'antiquité civilisée, où la Religion et la Patrie se confondaient, ne pouvait faire cette division. Il semblerait que beaucoup de nos politiques modernes voudraient revenir à cette confusion, ce qui serait au fond un recul immense. Là, encore, le bon sens du peuple se refuse à suivre ses chefs, et on ne lui persuadera pas que l'ère des religions est passée. Laissant de côté la démonstration de cette vérité, constatons seulement un fait : La grande majorité de la nation française est religieuse et catholique.

On n'a point abandonné sa religion par cela seulement qu'on n'en suit pas les devoirs avec exactitude, ni même parce qu'on la raille ou la renie, en paroles, à l'occasion. L'inconséquence et la légèreté des hommes expliquent bien d'autres errements. Dédaignant de vaines apparences et regardant les choses au fond, je dis qu'ils n'ont point renoncé à la foi catholique ceux qui font baptiser leurs enfants, les envoient au prêtre pour qu'il les instruise, demandent pour leur mariage la bénédiction de l'Eglise et pour leurs morts ses dernières prières. Sont-ils bien nombreux ceux qui meurent en repoussant le prêtre et qui empêchent leur femme ou leur fille de remplir des devoirs dont ils aiment à se croire eux-mêmes dispensés ? Et d'où vient cette indignation, dont les incrédules patentés ne peuvent se défendre lorsque l'autorité religieuse refuse ses prières publiques à ceux qu'elle en juge indignes, si ce n'est qu'ils sont eux-mêmes entachés de religion et qu'ils ne considèrent pas les cérémonies du culte comme objet de néant. Nul ne peut donc nier ce fait : L'immense majorité des Français est toujours catholique.

C'est une prétention de beaucoup de nos politiques modernes que la Loi doit ignorer la Foi, l'Etat être séparé de l'Eglise et méconnaître jusqu'à son existence. Ils nient la légitimité d'un pouvoir spirituel distinct du pouvoir temporel ou plutôt, ainsi que je le disais tout-à-l'heure, ils aspirent à les confondre comme jadis et à s'emparer de tous les deux. C'est en vain qu'ils s'épuiseront dans cette entreprise impossible, les catholiques lutteront vaillamment et le catholicisme les enterrera tous. Puisse-t-il ne pas chanter, en même temps que leurs funérailles, le *requiescant in pace* de la Patrie. Amen.

VIII. — Courte excursion dans le domaine théologique.

Maintenant, il me paraît indispensable d'exposer succinctement la doctrine de l'Eglise en ce qui concerne les relations des deux pouvoirs. Qu'on veuille bien me pardonner cette excursion forcée dans un domaine qui n'est pas le mien.

Selon la doctrine de l'Eglise, Dieu a mis l'homme sur la terre pour le connaître, l'aimer, le servir et par ce moyen acquérir la vie éternelle.

L'Eglise et le pouvoir qui la régit sur la terre ont été établis par Dieu même afin de faciliter à l'homme l'acquisition de ce bonheur ; tous les hommes sont appelés, mais ne font partie de l'Eglise que ceux qui ont accepté ses lois.

La vie sur la terre n'est donc pour l'homme qu'un passage, une épreuve, et c'est la façon dont chacun sortira de cette épreuve qui décidera de son sort éternel.

Si tous les hommes étaient doués d'une foi sincère et vive, il n'y aurait guère ici-bas que des saints, et le pouvoir spirituel seul gouvernerait le monde, mais par suite d'un décret dont les motifs nous demeurent un mystère, un très grand nombre d'hommes n'ont pas la foi et la plupart de ceux qui la possèdent éprouvent cependant pour les biens de la terre un attachement si fort que leur

désir de les posséder est presque égal à celui qu'ils ont
de posséder ceux du ciel, d'où l'état de désordre et de
péché qui a toujours régné dans ce monde.

Dieu ayant, de plus, créé les homme avec de telles qua-
lités physiques et morales qu'ils ne peuvent vivre qu'en
société et, d'autre part, ne les ayant pas nécessairement
soumis aux lois de l'Eglise, mais laissés libres de les
accepter ou de s'y soustraire, il en résulte qu'un autre
gouvernement que celui de l'Eglise est nécessaire pour le
maintien de la société. C'est de cette façon que Dieu
réellement, quoique indirectement, a institué le pouvoir
temporel : tout ce qui est nécessaire dans la nature étant
une loi de Dieu.

Les deux pouvoirs, en ce qui touche leur mission particulière, sont complétement indépendants l'un de l'autre.
Bien que devant Dieu leur dignité soit incomparable,
puisqu'elle ne peut être qu'en proportion avec l'importance de leur objet, c'est-à-dire dans celles du fini à l'in-
fini, du temps à l'éternité ; néanmoins, Dieu a ordonné à
ceux qu'il a investis de la puissance spirituelle de respecter le pouvoir temporel et de lui être soumis en tout
ce qui est de son ressort. Le sacerdoce n'a donc pas,
comme tel, le droit de s'immiscer dans les affaires temporelles, et de plus, même au spirituel, il n'a de juridiction que sur ceux qui sont soumis à sa loi.

Notons cette scholie : La société temporelle comprend
tous les hommes et, conséquemment, ses lois ont autorité sur tous ; la société spirituelle, l'Eglise, ne comprend
qu'une partie des hommes et seulement ceux qui reçoi-
vent volontairement sa loi.

Si l'Eglise ne prétend pas à un droit de juridiction sur
tous les hommes, elle réclame sur tous le droit de prédi-
cation. *Ite et docete omnes gentes*, c'est-à-dire le droit de
les amener par la persuasion et aux risques et périls de
ses membres, à confesser sa foi. En face des infidèles, ce
droit ne constitue, en réalité, que le droit au martyre ;
mais c'est par ce droit sublime que l'Eglise conquiert son
universalité.

Vis-à-vis des fidèles, le commandement au spirituel,
l'obéissance au temporel ; vis-à-vis des infidèles, la pré-

dication et le martyre, tels sont les droits et devoirs de l'Eglise envers l'humanité.

Bien que la distinction du temporel et du spirituel soit facile en théorie, il est loin d'en être de même dans la pratique. L'homme est composé d'un corps et d'une âme, et ces deux substances ne font qu'un seul être, l'homme même. Impossible que sa foi n'influe pas sur la conduite, les mœurs de l'individu; et la conduite, les mœurs de l'individu sur sa foi. Aux temps et dans les pays où la foi était vive et générale, il était naturel que le clergé possédât une grande influence et conséquemment eût une part plus ou moins directe, plus ou moins importante au gouvernement temporel. Et comme après tout, les membres du sacerdoce sont des hommes et sujets à toutes les faiblesses de l'humanité ; que, d'autre part, la Providence divine ne gouverne ce monde que par des lois générales, le miracle n'étant qu'une exception, il s'en est suivi que l'intervention du clergé dans le temporel, quoique légitime et salutaire le plus souvent, a parfois donné lieu à quelques abus.

C'est en exagérant le nombre et la conséquence de ces abus que des politiques peu croyants en sont arrivés à contester même les droits spirituels de l'Eglise, ont prétendu fixer ses limites et lui imposer les décisions de leur fantaisie.

Des débats qui se sont produits ainsi entre l'Eglise et l'Etat, il est résulté que l'Eglise a reconnu qu'il se présente, en effet, dans l'application de ses lois immuables des cas relevant à la fois du spirituel et du temporel, des questions mixtes où les deux pouvoirs se trouvant en contact il y a lieu à compromis entre eux. La solution de ces questions complexes dépend nécessairement de la situation réciproque des deux pouvoirs, de leurs relations ou engagements précédents; enfin, des circonstances et des temps. L'Eglise, en tous les points où il lui est permis de céder, a toujours montré aux Etats une condescendance marquée, mais il en est un qu'elle a maintenu et maintient toujours énergiquement, c'est qu'à elle seule appartient, en toutes ces questions où les deux pouvoirs sont intéressés, le droit de fixer ses propres limites.

Elle consent donc à écouter les gouvernements, à négocier avec eux sur les points en litige, à s'accorder à l'avance touchant certains cas prévus; enfin, à déterminer autant que possible la ligne qui les sépare, et c'est la matière des concordats.

Un concordat est ainsi tout à la fois un acte politique et un acte religieux; c'est comme religieux qu'il oblige l'Eglise, c'est comme politique qu'il oblige le gouvernement. Le croyant est tenu à l'observer par deux motifs; l'incroyant par un seul, mais il ne peut s'y dérober sans manquer à sa propre loi, puisque c'est un traité qu'il a librement négocié et accepté.

Je ne suis qu'un ignorant en théologie et puis m'être trompé dans l'exposition de doctrine que je viens de présenter, s'il en est ainsi je me soumettrai sans restriction à toute correction de l'autorité religieuse. On acceptera toutefois que je regarde provisoirement ce résumé comme exact, sans quoi je ne pourrais ni poursuivre ce travail, ni n'aurais dû le commencer.

IX. — Nœud gordien.

Entrant maintenant dans le vif des faits contemporains, il m'est permis de remarquer que l'attitude du clergé de France en face du gouvernement républicain est constamment hostile et je voudrais examiner si cette attitude est digne du sacerdoce et conforme à la doctrine qu'il a mission d'enseigner.

Lorsqu'on examine dans son ensemble la situation intérieure de la France, on constate aussitôt deux grands faits :

1º Les Français sont, en grande majorité, catholiques;

2º Les Français sont, en grande majorité, républicains.

Et aussitôt après deux autres faits qui semblent la négation des premiers et pourtant ne sont pas moins incontestables :

1º Tous les chefs du catholicisme sont anti-républicains;

2º Tous les chefs de la République sont anti-catholiques.

Pour expliquer la co-existence singulière de ces faits

dont l'enchevêtrement forme le nœud gordien que nous voulons débrouiller, il suffit de se rappeler l'histoire.

La République est fille de la Révolution et à ce que croient la plupart de ses partisans et de ses adversaires, la Révolution est l'ennemie irréconciliable de l'Eglise.

En vain, la République a proclamé la liberté de conscience et la liberté des cultes; en vain, elle a par le Concordat de 1802 organisé cette liberté. En vain, les papes ont solennellement reconnu son gouvernement à diverses reprises, ont traité et traitent ses représentants avec autant de déférence que ceux des rois; en vain, les chefs de la République, de leur côté, protestent-ils de leur respect pour l'autorité spirituelle du Souverain Pontife, le clergé de France refuse de croire à leur sincérité. Il ne peut ou ne veut point oublier la violente persécution dont il a été victime à une époque troublée où le gouvernement portait le nom de République et, malgré toutes les protestations et toutes les assurances, il en craint le renouvellement lorsque ce nom détesté reparaît.

D'autre part, oubliant trop facilement que les monarchies de toutes nuances ont dans tous les temps de l'histoire moderne et souvent même au moyen âge, plus que les républiques, entravé sa liberté apostolique soit en la soumettant à mille restrictions, soit en s'ingérant obstinément dans son domaine propre, le clergé a favorisé toutes les restaurations monarchiques autant que les circonstances l'ont permis et il se montre aujourd'hui plus que jamais l'ennemi du gouvernement républicain.

Abusant de leur droit politique incontesté sous ce gouvernement bénévole, beaucoup de ses membres ne craignent pas de descendre dans l'arène politique et tous ceux qui usent de ce droit, tous sans exception, le font en adversaires du gouvernement.

Cette unanimité du clergé militant pour travailler à la destruction de la République entraîne nécessairement de la part de ses soutiens des représailles qui se traduisent par une guerre plus ou moins active au clergé de la part des autorités publiques et par un redoublement de haine pour la religion chez ceux qui, la considérant comme l'ennemie acharnée de la Révolution, rêvent de leur côté son extinction.

De là, non seulement un manque absolu de respect, de tolérance, de charité réciproque, mais souvent un débordement d'injures entre les exaltés des deux partis : canaille étant pour les uns synonyme de républicain; prêtre étant pour les autres synonyme d'ennemi juré du peuple.

La maladie morale qu'engendre dans la nation cet état violent et contre nature s'envenime chaque jour et elle finira par devenir chronique et invétérée si un remède efficace n'y est pas apporté pendant qu'il en est temps encore. Il n'est pas bien difficile d'indiquer ce remède, la difficulté gît à décider les malades à l'accepter.

Qu'un homme de bonne volonté essaie d'aboucher les adversaires, tout de suite, il devient par cela seulement suspect à tous les deux; qu'il les presse, il n'en obtient qu'une même réponse : Que les républicains, dit le clergé, fassent d'abord respecter la religion et ses ministres, qu'ils révoquent les lois qu'ils ont faites contre nous, nous cesserons après de soutenir leurs adversaires et de nous occuper de politique. Que le clergé, disent les républicains, cesse de s'occuper de politique et de soutenir nos ennemis, nous aviserons alors à le faire respecter et à modifier les lois qui ont été faites contre lui.

De telles réponses sont de pures fins de non-recevoir et ne prouvent qu'une chose, une réciproque mauvaise volonté.

Ni les uns ni les autres n'ont pitié de la Patrie qui souffre de leurs dissensions. Tous pourtant se disent patriotes et je ne doute pas que des deux parts beaucoup ne le soient en effet. Oui, vous aimez la Patrie, mais il n'y a qu'une façon de prouver que vous l'aimez plus et mieux que vos adversaires, c'est d'immoler vos rancunes sur son autel et de cesser cette guerre impie.

Qui donnera l'exemple du sacrifice? Ce ne peut être que le clergé. Ce qui n'est pour le révolutionnaire qu'un devoir philosophique et conséquemment peu pratiqué, est pour le catholique, pour le prêtre, un devoir religieux et inéluctable : la plus éminente des vertus chrétiennes n'est-elle pas la charité?

X. — Les prêtres doivent-ils user de leurs droits de la même façon que les laïques ?

Cet écrit ne prétend pas être une œuvre d'éloquence et ce n'est point par des adjurations pathéthiques que j'essaierai de persuader au clergé qu'il suit une voie politique funeste et qui ne peut avoir qu'une issue désastreuse pour lui-même et pour la Patrie.

Qu'on me donne la liberté d'entrer dans quelques développements.

De ce que sous la loi républicaine les membres du clergé jouissent des mêmes droits civils et politiques que les autres citoyens, s'ensuit-il qu'ils puissent en user sans aucune restriction et absolument comme les laïques ?

Posée d'une manière aussi générale, on ne peut répondre à cette question que par la négative, car les prêtres ne peuvent se marier bien que la loi civile ne le leur interdise pas.

Il faut donc resserrer la question ou plutôt lui substituer celle-ci : le prêtre peut-il et doit-il user de ses droits politiques de la même façon que tout autre citoyen ?

Préalablement, je demande à poser et démontrer le théorême politique suivant : Dans les comices, le citoyen est magistrat; En effet, son vote n'est point une chose dont il puisse user et abuser selon son intérêt et son caprice; il n'en est point propriétaire, il ne peut ni le vendre ni le transmettre; il n'en peut même disposer, comme lorsqu'il est juré, sous la seule inspiration de sa conscience et sans tenir compte du texte de la loi. Le droit de vote n'est pas un droit naturel et permanent, reconnu dans tous les pays civilisés. Non, il a été donné au citoyen, il en est investi par la loi écrite et particulière à l'Etat, à la République dont il fait partie, non pour son avantage particulier mais dans l'intérêt de l'Etat qui en est l'auteur. Si le citoyen est en possession momentanée du pouvoir de juger et de choisir, ce n'est point pour disposer à son plaisir des biens et de la personne d'autrui, mais c'est pour appliquer la loi en des cas et des temps déterminés. C'est donc une véritable magistrature qu'il exerce temporairement. Même pris dans son ensemble, le suffrage universel n'est pas souverain : il n'y a véritablement qu'un seul souverain, la justice, la loi. L'électeur est donc un pur magistrat et comme tel il ne peut et ne doit qu'appliquer le droit écrit.

Il résulte nécessairement de là que l'électeur ne peut, en conscience, désigner pour administrer l'Etat, diriger sa politique, mettre en œuvre sa constitution, des ennemis avérés de cette constitution, des factieux qui la nient et dont le but évident est de détruire cette même loi qui les a appelés à l'existence. Sous le régime qui nous gouverne et qui est la République, l'électeur est un magistrat de la République et son devoir, on n'en saurait douter, est de concourir à son affermissement. Le seul moyen honnête et légal qui reste au citoyen français à qui sa conscience politique ou religieuse ne permettrait pas d'accepter la Constitution établie, c'est de refuser la magistrature qu'elle lui offre, de s'abstenir de voter et de ne prendre aucune part à son gouvernement. Accepter de prendre part à une délibération, c'est en accepter l'issue et en demeurer solidaire, en quelque sens que l'on ait opiné au cours des débats. Accepter une fonction dans un gouvernement, c'est le reconnaître, s'y soumettre, non-seulement de fait mais d'esprit, à peine de forfaiture. Et cette conclusion est tellement celle de la droiture et de la doctrine catholique que le chef de l'Eglise ne permet pas aux fidèles, en Italie, de participer aux élections politiques.

Ce refus de permettre, *non expedit*, ne va pas sans doute jusqu'à la défense absolue, et ceux qui ne tiennent pas compte de cette volonté du Saint-Père ne sont pas pour cela réprouvés, mais qui oserait dire qu'ils ne sont pas coupables de présomption ?

Ce qui est vrai en Italie, ne serait-il pas vrai en France ? Le Pape, retenu par la divine prudence, ne s'explique pas à notre égard, il est vrai, d'une manière aussi formelle qu'au-delà des Alpes, mais des sourds volontaires peuvent seuls ne pas entendre sa pensée. Elle apparaît cependant dans bien des paroles émanées de la chaire de

Pierre et, spécialement dans l'encyclique du 10 janvier dernier, *Sapientiæ christianæ.*

   « Tout chrétien a une double patrie, celle du ciel et » celle de la terre. » Commentant cette vérité, le Saint-Père s'écrie : « Si nous devons aimer le pays où nous » sommes nés et où nous avons reçu la lumière, et si » nous sommes tenus par la loi naturelle de l'aimer par » une telle affection qu'un bon citoyen n'hésite pas à » mourir pour sa patrie, c'est le devoir d'un chrétien » d'avoir une pareille affection et plus grande encore » pour l'Eglise : car l'Eglise, c'est la sainte cité du Dieu » vivant, née de Dieu et instituée par lui. Elle est, il est » vrai, *étrangère en ce monde*, mais elle appelle et conduit » les hommes à la vie éternelle. Oui, nous devons aimer » cette patrie au sein de laquelle nous avons reçu cette » vie mortelle, mais nous devons aimer plus encore » l'Eglise à laquelle nous devons la vie de l'âme qui doit » durer toujours..... D'ailleurs, si nous devons apprécier » les choses suivant la vérité, l'amour surnaturel de » l'Eglise et l'amour naturel de la patrie sont deux » amours qui naissent du même principe éternel, puisque » Dieu est la cause est l'auteur de l'un et de l'autre. » D'où il suit que les devoirs de l'un ne peuvent être » en opposition avec les devoirs de l'autre. Nous pou-» vons et nous devons remplir ce double devoir en » nous aimant, nous et notre prochain, *en aimant notre* » *pays et le pouvoir qui le dirige ;* mais en même temps » nous aimerons l'Eglise comme une mère et Dieu comme » un souverain amour.

   » Et néanmoins l'harmonie entre ces devoirs peut être » troublée par le malheur des temps et l'injustice des » hommes... Alors on doit se souvenir de la maxime : il » faut obéir à Dieu plutôt qu'aux hommes, *obedire* » *opportet Deo magis quam hominibus.* C'est la réponse que » saint Pierre et les apôtres avaient coutume de faire aux » magistrats qui leur commandaient des choses injustes ; » c'est la même réponse qu'il faut toujours faire sans » hésitation en pareille circonstance. Personne d'ailleurs » n'est meilleur citoyen dans la paix ou dans la guerre » qu'un chrétien fidèle à son devoir ; mais il doit tout

» souffrir, et même la mort, plutôt que d'abandonner la
» cause de Dieu et de l'Eglise.

« L'autorité publique, ajoute Léon XIII, est sacrée pour
» les chrétiens qui reconnaissent et respectent en elle
» une image de la majesté divine, *lors même qu'elle est*
» *entre les mains d'une personne indigne...* On voit combien
» est injuste l'accusation formulée contre les chrétiens
» d'être des esprits séditieux et rebelles, car ils ne refu-
» sent pas aux princes et aux législateurs l'obéissance
» qui leur est due, mais ils s'abstiennent seulement
» d'obéir à leur volonté quand elle commande et légifère
» dans des choses sur lesquelles elle n'a aucun pouvoir,
» parce que des lois faites contrairement au droit divin
» sont injustes et méritent tout autre nom que celui de
» lois. »

Ainsi, le Saint-Père enseigne que le devoir du chrétien
est non-seulement d'obéir au pouvoir dirigeant, à la
Constitution du pays où il est né, mais encore qu'il doit
aimer ce pouvoir, même lorsqu'il se trouve entre des
mains indignes ; et il n'ordonne l'abstention de l'obéissance, non la résistance directe, que dans le cas où la loi
temporelle est contraire au droit divin, c'est-à-dire aux
prescriptions formelles de la puissance spirituelle et seulement pour ce qui est contraire à ces prescriptions.

C'est ainsi qu'il explique la maxime des apôtres : Il
vaut mieux obéir à Dieu qu'aux hommes, maxime dont
le sens était déjà contenu dans cette parole plus haute :
Rendez à César ce qui est à César et à Dieu ce qui est à
Dieu.

Au lendemain même de la plus violente persécution
contre l'Eglise, un des prédécesseurs de Léon XIII a
cependant proclamé que, loin d'être en opposition avec
la doctrine catholique, le gouvernement démocratique
impliquait, au contraire, la pratique de toutes les vertus
sublimes qui ne s'apprennent qu'à l'école de Jésus-
Christ.

En 1798, Pie VII, alors cardinal-évêque d'Imola, exposant dans une homélie les vérités évangéliques, s'expri-
mait ainsi : « Ne vous effrayez pas, mes frères, d'une
» leçon qui semble au premier abord trop sévère et qui

» paraît incliner à détruire l'homme et à lui ravir sa
» liberté. Non, frères tant chéris tant de fois, vous ne
» comprenez pas la vraie idée de liberté ! Ce nom qui a
» son sens droit dans la philosophie et dans le catholi-
» cisme ne dénote pas un dévergondage ni une licence
» effrénée qui permet de faire tout ce qu'on veut, soit le
» bien, soit le mal, soit l'honnête, soit le honteux. Gar-
» dons-nous d'une si étrange interprétation qui abat tout
» ordre divin et humain et dénature l'humanité, la raison
» et tous les glorieux avantages que nous a donnés le
» Créateur. La liberté chère à Dieu et aux hommes est
» une faculté qui fut donnée à l'homme, un pouvoir de
» faire ou de ne pas faire, mais toujours soumis à la loi
» divine et humaine. Il n'exerce pas raisonnablement sa
» faculté de liberté celui qui contredit la volonté de Dieu
» et la souveraineté temporelle, car, comme dit saint
» Paul, qui résiste au pouvoir résiste à l'ordre de Dieu.
» La forme du gouvernement démocratique adoptée
» parmi nous, ô très chers frères, non, n'est pas en oppo-
» sition avec les maximes exposées ci-dessus et ne
» répugne pas à l'évangile. Elle exige, au contraire,
» toutes les vertus sublimes qui ne s'apprennent qu'à
» l'école de Jésus-Christ et qui, si elles sont religieuse-
» ment pratiquées par vous, formeront votre félicité, la
» gloire et l'esprit de votre République... Que la vertu
» seule qui perfectionne l'homme et qui le dirige vers le
» bien suprême, le meilleur de tous, que cette vertu
» seule, vivifiée par les lumières naturelles et fortifiée
» par les enseignements de l'Eglise, soit le solide fonde-
» ment de notre démocratie. »

Et l'historien de l'Eglise, Rorhbacher, à qui j'emprunte
cette citation, ajoute : « Certaines personnes, à certaines
» époques, ont reproché cette homélie au cardinal-évê-
» que d'Imola. Au conclave, où on la connaissait bien et
» où l'on épluchait tout, elle ne fut l'objet d'aucun
» blâme. Peut-être même qu'elle servit à faire élire pape
» son auteur. »

Je crois, à présent, pouvoir définitivement conclure
que le droit politique du clergé, du prêtre et même du
catholique, en général, ce droit politique est, en vertu de

leur foi religieuse, indirectement mais positivement modifié et restreint, et qu'il leur est interdit d'en user d'une façon qui puisse, dans leur pensée, contribuer au renversement du gouvernement existant, de la République, et, conséquemment, de voter dans les comices nationaux pour ses ennemis avérés.

XI. — Corollaire.

Si maintenant on vient me dire qu'on voit pourtant des membres même des pouvoirs publics, des sénateurs, des députés, sous la Constitution républicaine, se dire ouvertement partisans de la monarchie et travailler, autant qu'ils le peuvent, à la restaurer, tout en s'abstenant soigneusement d'actes formellement visés par le Code, je répondrai que cela est peut-être toléré par les lois de la République, puisqu'elles ne l'interdisent pas par une disposition pénale, mais que tout ce que les lois écrites ne punissent pas n'est pas pour cela permis et approuvé par la morale. En agissant comme ils le font, nos politiques de droite imitent de très près ces habiles industriels qui pratiquent l'art de s'emparer du bien d'autrui sans commettre pourtant ni crime, ni délit que les tribunaux puissent punir. Ils parviennent quelquefois à s'enrichir par ces moyens, mais n'en sont pas pour cela mieux considérés par les honnêtes gens. L'on s'explique, sans doute, que de pareils procédés soient employés par des hommes de parti; passionnés ou ambitieux, ils ne recherchent que le succès et les scrupules ne les étouffent guère ; mais je soutiens qu'un homme simple et loyal, un chrétien, un catholique, un membre du clergé ne peut agir ainsi en sûreté de conscience. Et si l'on me faisait pourtant remarquer en quelques-uns d'eux une semblable conduite, je prendrais le parti de l'attribuer à une aberration du jugement, mais on ne me persuaderait jamais qu'ils la tiennent avec le consentement ou l'approbation de leurs chefs.

XII. — Cæsarem appello.

Cet écrit n'est point pour plaire aux partis de gauche, puisqu'il a pour but d'organiser leurs adversaires pour un perpétuel combat ; il est moins encore pour plaire aux partis de droite, aux monarchistes, puisqu'il propose de les supprimer ou tout au moins de les réduire à une complète impuissance ; mais, je le dis pour la troisième fois, le clergé n'est point un parti et c'est lui que je voudrais pouvoir convaincre.

Je ne m'ingère pas dans son domaine spirituel que je respecte entièrement et, pour ce qui touche à la foi, lui demeure complétement soumis. C'est seulement d'intérêts temporels, de politique que je l'entretiens et, en cette matière, j'espère qu'il m'accordera une entière liberté de parole, pourvu que cette parole soit grave et digne du caractère sacré de ceux à qui elle est adressée. Qu'il daigne donc m'écouter avec le calme, la bienveillance, l'esprit de paix qui sont dûs à un homme sincère et de bonne volonté. Si pourtant il s'élevait de son sein des voix pour me traiter d'intrus et d'audacieux parce que, constatant son attitude dans nos luttes politiques, j'ose lui conseiller d'en adopter une autre, malgré tout le respect que je témoignerais encore à ceux qui me blâmeraient, je ne me croirais pas encore obligé au silence.

Paul n'était qu'un pauvre juif, un humble tisseur de tentes ; il fut un jour arrêté pour un délit de parole et amené devant le gouverneur Festus pour y être jugé. Mais Paul était citoyen romain par le droit de sa naissance ; récusant son juge, il en appela à César. Le puissant magistrat ne nia pas son droit et le fit conduire à Rome.

Citoyen de l'Eglise par le droit de mon baptême, si je suis accusé comme Paul, j'agirai comme lui ; récusant tout autre juge que le suprême, c'est à Rome aussi que je porterai ma cause.

O très Saint-Père, le peuple tourne vers toi les yeux et tu tournes les yeux vers le peuple. C'est son salut que tu recherches au Ciel et sur la terre et c'est aussi en lui que tu mets ici-bas ton espérance. Seul, il peut t'aider à donner au monde la paix, objet de tes pieux désirs. Les rois ne sont plus puissants que pour la guerre ; pour la paix, ils sont sans force, ils le savent et tu le sais. Viens au peuple et que le peuple aille à toi ; de cette union sainte naîtront des jours de gloire et de prospérité pour l'Eglise et pour la République !

XIII. — Conclusion

Sans rougir de l'enthousiasme qui vient de me dominer mais non me faire dévier de ma voie, je continue cette étude politique.

De ce que je refuse ou plutôt de ce que l'Eglise refuse au catholique le droit de désobéir à un gouvernement même hostile à sa foi, même ouvertement persécuteur et impie, conclurai-je que sous la domination de la République française, le chrétien n'ait plus qu'à tendre le cou et se laisser conduire aux bêtes ?

Dieu merci, nous n'en sommes pas là. Si tyrannique, si méchant que soit le gouvernement républicain, il peut nous rester quelque espoir de l'adoucir, de modifier son allure, peut-être de nous le rendre favorable. Si la loi divine nous interdit de l'attaquer, de le renverser, elle ne nous défend pas d'essayer de l'améliorer, de le perfectionner ; non-seulement, elle ne nous défend pas cela, mais encore elle nous l'ordonne. Pour défendre notre droit spirituel, l'Eglise ne nous accorde pas l'emploi des armes temporelles ; mais pour défendre notre droit temporel elle nous permet l'usage des armes que ce droit même nous confère. Et bien qu'en fait nos moyens de lutte soient parfois restreints par notre foi même, il nous en reste encore suffisamment pour tenter le bon combat. Nos adversaires, ayant certains avantages, sont plus forts que nous et la lutte n'est pas égale ; soit, si nous sommes les moins forts, soyons les plus vaillants : En avant, donc, et que Dieu protège la meilleure cause !

Quelle est la situation au moment actuel ? La guerre entre les républicains et le clergé n'est, il est vrai, qu'une guerre d'injures et de paroles. Encore légèrement dissimulée dans les hautes régions, elle devient acharnée, implacable, aussitôt qu'on les quitte. Toute loyauté, toute générosité, toute charité en est bannie. Moralement, elle abaisse les deux partis, compromet l'Etat et blesse la religion. Chaque jour l'envenime et la rend pire ; si nul ne cède on ne saurait prévoir comment elle finira. Je crois avoir démontré qu'il est du devoir du clergé de céder, je voudrais établir à présent que c'est encore de son intérêt, et aussi bien au point de vue temporel qu'au point de vue religieux.

Tâchons donc de découvrir ce que deviendrait la situation et le rôle du clergé dans la société civile dans le cas où il se rallierait *de cœur* à la République.

Le prêtre est en possession légale des mêmes droits que tout autre citoyen. Je ne crois pas qu'il lui convienne de les dédaigner et de se désintéresser de la chose publique ; non, il doit en user et les mettre à profit, mais seulement dans une mesure qui soit en harmonie avec son caractère sacré. De même que sa foi restreint son droit civil et lui interdit le mariage, elle restreint également son droit politique et cette restriction, à mon avis, va jusqu'à lui défendre toute participation directe au gouvernement temporel. Il ne doit ni voter, ni accepter aucune fonction publique. Un prêtre est aussi déplacé à la tête d'une troupe d'électeurs, à la tête d'un parti, qu'il le serait à la tête d'un bataillon, à la tête d'une armée. Non-seulement, il ne doit jamais compromettre sa dignité, mais il ne doit jamais oublier que sa mission est toute spirituelle, toute de paix et de charité, et que s'il ne lui est point défendu de s'occuper d'intérêts temporels ce ne peut être qu'accidentellement et par surcroît.

Continuant la comparaison que j'ai établie entre le droit politique et le droit civil du clergé, je remarque que si la pratique du mariage est interdite au prêtre, il ne lui est pas pour cela complétement étranger ; bien au contraire, nul n'étudie et ne connaît peut-être mieux que lui, directeur de la conscience des femmes, le fort et le faible de cette institution divine et sociale. Loin de blâmer son ingérence dans les relations des époux, en tant qu'elle se maintient dans les prescriptions canoniques, je le soupçonnerais plutôt de n'y pas apporter assez d'énergie, spécialement en une matière bien délicate mais qui importe à la fois au salut des âmes et à la grandeur des nations. Sans toucher ce point, auquel j'aurai peut-être l'occasion de revenir plus tard, je dis que c'est par voie de conseil, en prenant ce mot dans son acception la plus étendue, et avec une prudence infinie que le prêtre doit s'immiscer dans le mariage chrétien ; et de même, ce n'est que par voie de conseil et avec une prudence égale qu'il doit s'immiscer dans la politique.

Il est naturel qu'un catholique sincère tienne grand compte de l'opinion de son pasteur sur toutes les matières où il peut le supposer instruit et lui demande, en certains cas, d'éclairer ses doutes et de le guider ; de son côté, le pasteur ne peut certainement refuser de répondre à cette consultation. Bien que je suppose que le prêtre se tienne soigneusement, de sa personne, à l'écart de la politique active, il ne lui en resterait pas moins ainsi une influence réelle, effective et puissante sur les affaires publiques. Lorsqu'il serait avéré que cette influence est employée seulement en vue du bien du peuple, de l'Etat et de la Religion, qui pourrait prétendre au droit de la blâmer ou de la contester. Nul politique avisé, à quelque nuance qu'il appartînt, qui ne tâchât de l'attirer à lui.

Droit de conseil seulement et seulement lorsque le conseil est demandé ; c'est tout ce à quoi se réduit le droit que le clergé peut exercer dignement en matière politique. C'est peu et c'est immense. Faite avec suite et intelligence, l'application de ce simple droit peut avoir les plus heureuses conséquences.

Qu'on essaie seulement de proclamer de pareilles intentions et *l'on s'apercevra aux cris des sectaires s'ils se sentent touchés.*

On voit bien maintenant que je ne cherche pas à rabaisser le rôle du prêtre dans la société, même en ce qui concerne le temporel. J'entreprends, au contraire, de le fortifier, de l'étendre ; je pourrais dire de le rendre prépondérant, si Dieu le permettait.

Un tel dessein est, sans doute, trop haut pour notre époque ; ayons un but plus modeste, le monde n'est pas encore mûr pour la conversion. Je voudrais seulement inspirer, aux catholiques français, le désir d'une paix relative avec leurs adversaires ; je voudrais leur communiquer la pensée de changer la lutte implacable et peu conforme à la charité chrétienne qui existe entre eux et les révolutionnaires, en une lutte courtoise et digne de la religion qu'ils professent ; je voudrais les convaincre que cette transformation augmenterait leur force réelle et pourrait les conduire au triomphe de leurs principes et à la gloire de ce qu'ils doivent aimer par-dessus tout : Dieu et la Patrie.

Je viens donc simplement exposer aux catholiques, à tous les conservateurs que l'esprit de parti ne domine pas absolument, le moyen d'assurer au pays un gouvernement régulier, durable, à la fois honorable pour lui et redoutable pour ses ennemis. Ce moyen est à leur portée, il ne tient qu'à eux de le saisir ; leur volonté suffit pour cela et nul ne peut s'y opposer. Ce moyen daigneront-ils l'employer après l'avoir dédaigné longtemps et qu'ils peuvent encore s'en emparer facilement — demain il serait peut-être trop tard ; — ce moyen, c'est de crier aux républicains :

Messieurs, l'expérience nous a éclairés, nous ne voulons plus désormais combattre les institutions que s'est donné le pays. Nous apprécions à toute leur valeur les droits qu'elles nous accordent et nous faisons maintenant ouvertement profession d'aimer et de soutenir loyalement la République. Vous ne pourrez nous reprocher, dorénavant, d'être des factieux, des ennemis de l'Etat. Nous sommes républicains autant que vous, plus que vous peut-être ; et, nous avons, comme vous le droit et le devoir de participer au gouvernement de la nation. Or, nous trouvons que ceux qui dirigent aujourd'hui l'Etat, le dirigent mal ; que ceux qui nous gouvernent, gouvernent mal, et mettent la Nation en péril. Il nous appartient d'y aviser. Revendiquant donc notre droit, nous entrons dans la politique légale, bannières déployées ; et, n'ayant confiance en aucun des partis existants, nous constituons un parti nouveau. Il sera, sans doute, en face de vous, hommes qui exercez aujourd'hui le pouvoir, un parti d'opposition, mais il ne sera ni royaliste, ni impérialiste, ni bourgeois, ni aristocrate, ni théocrate ; ce sera un parti essentiellement constitutionnel et démocratique et nous l'appellerons de son vrai nom : *République catholique.*

Mars 1890.

A. HAGET.

Nevers, Imprimerie MAZERON frères

237

Nevers, Imprimerie MAZERON frères